¿Quién fue Selena?

Kate Bisantz y Max Bisantz
ilustraciones de Joseph J. M. Qiu
traducción de Yanitzia Canetti

Penguin Workshop

A los fans de Selena y a las familias Quintanilla y Pérez.
Mucho amor a AC, KB, DD—MB

A MB, SB, JB, JM y RYR.
También a la ciudad de Lowell, MA, donde comenzó mi
propio *fandom* (reino fanático) de Selena—KB

A Selena y a todos sus fans—JQ

PENGUIN WORKSHOP
Un sello editorial de Penguin Random House LLC, Nueva York

Publicado por primera vez en los Estados Unidos de América por Penguin Workshop,
un sello editorial de Penguin Random House LLC, Nueva York, 2018

Edición en español publicada por Penguin Workshop, un sello editorial
de Penguin Random House LLC, Nueva York, 2022

Derechos del texto © 2018 de Kate Bisantz y Max Bisantz
Derechos de ilustración © 2018 de Penguin Random House LLC
Derechos de la traducción en español © 2022 de Penguin Random House LLC

Traducción al español de Yanitzia Canetti

Penguin respalda los derechos de autor. Los derechos de autor alimentan la creatividad, fomentan las voces diversas, promueven la libertad de expresión y crean una cultura vibrante. Gracias por comprar una edición autorizada de este libro y por cumplir con las leyes de derechos de autor al no reproducir, escanear ni distribuir ninguna parte de él en ninguna forma sin permiso. Está apoyando a los escritores y permitiendo que Penguin continúe publicando libros para todos los lectores.

PENGUIN es una marca comercial registrada y PENGUIN WORKSHOP es una
marca comercial de Penguin Books Ltd. Who HQ & Diseño es una marca registrada de
Penguin Random House LLC.

Visítanos en línea: penguinrandomhouse.com.

Los datos de Catalogación en Publicación de la Biblioteca del Congreso están disponibles.

Impreso en los Estados Unidos de América

ISBN 9780593522608   10 9 8 7 6 5 4   WOR

El editor no tiene ningún control y no asume ninguna responsabilidad
por el autor o los sitios web de terceros o su contenido.

Contenido

¿Quién fue Selena?............ 1
La chica de Texas............ 5
Probar algo nuevo............ 20
Para la historia............ 27
Artista del Año............ 38
Amor juvenil............ 49
"Entre a mi mundo"............ 59
El estilo de los Grammy............ 69
"Dreaming of You"............ 80
El legado............ 91
Cronologías............ 106
Bibliografía............ 108

¿Quién fue Selena?

Un día caluroso de 1993, decenas de miles de fans abarrotaron un estadio al aire libre en Monterrey, México. La banda en el escenario tocó sus primeras canciones y la multitud comenzó a empujar hacia adelante. Querían acercarse a la persona que habían venido a ver: una joven cantante de Texas conocida simplemente por su nombre de pila: Selena.

Mientras sonaba la música, algunos fans se empujaban para ver mejor. Otros intentaban

subir al escenario. La situación se volvía peligrosa.

El padre de Selena gritó desde los bastidores ¡que salieran de allí ya! No quería que el público le hiciera daño a su hija. Selena y su banda dejaron de tocar y corrieron hacia las alas laterales del escenario para ponerse a salvo.

Una vez entre bastidores, la banda trató de encontrar una forma de salir del estadio. Solo había una salida y el público la bloqueaba. Al padre de Selena se le ocurrió un plan. Pensó que si hablaba con la multitud, podría convencerla de que se detuviera. Corrió al escenario y les pidió que se calmaran. Pero esto hizo que el público se volviera aún más agresivo. La gente empezó a lanzar latas y botellas. ¡Estaban allí para ver a Selena, no a su padre!

Selena comprendió la frustración del público. Le dijo a la banda que iba a volver al escenario. Acababa de aprender a hablar español y estaba decidida a hablar ella misma con el público.

Todos le dijeron que no lo hiciera. Temían que le hicieran daño. Pero Selena nunca hizo lo que los demás esperaban. Confiaba en que sus fans la escucharían.

Selena volvió a subir al escenario mientras los

fans empujaban y gritaban. Sonriente y tranquila, habló por el micrófono, pidiéndoles que se calmaran, por favor. *Calm down, please.*

Miles de fans dejaron de empujar de repente para escuchar a la estrella de veintidós años. La banda estaba sorprendida. Uno a uno, volvieron al escenario y cogieron sus instrumentos. Entonces, Selena empezó a cantar. Su voz llenó el aire y el público cantó sus canciones favoritas. El concierto fue un gran éxito.

La comprensión de Selena hacia sus fans salvó el espectáculo del desastre. También la ayudó a convertirse en la cantante apasionada que el mundo llegó a amar.

CAPÍTULO 1
La chica de Texas

Selena Quintanilla nació el 16 de abril de 1971 en Lake Jackson, Texas. Era un soleado y cálido viernes de primavera. Sus padres eran Marcella y Abraham Jr., a quien todos llamaban Abe. Tenía un hermano mayor llamado Abraham III, o A.B. abreviado, y una hermana mayor llamada Suzette. La familia Quintanilla era

méxico-americana. Sus antepasados habían emigrado a Estados Unidos desde México en busca de trabajo y un futuro mejor.

La vida era dura en Texas para las personas con raíces mexicanas, o *mexicanos*. Así había sido durante más de cien años. Antes de que comenzara la guerra entre México y Estados Unidos en 1846, el sur de Texas formaba parte de México. Sus habitantes eran libres de celebrar su herencia, que combinaba las culturas azteca, maya y española.

En 1848, Estados Unidos se adueñó de las tierras situadas al norte del Río Grande. Los

Texas antes de 1848

mexicanos de Texas estaban ahora en territorio norteamericano. Los norteamericanos blancos, o "anglos", no los querían allí. Y el propio México estaba ahora dividido. Los mexicanos del sur se distanciaron de los texano-americanos del norte, a los que llamaban "tejanos".

Aunque llevaban generaciones viviendo en esa tierra, los tejanos se enfrentaban a muchos prejuicios. Abe lo había sufrido cuando era niño en Texas. En la escuela, lo enviaron a la oficina del director y lo golpearon por hablar en español. Algunos anglosajones pusieron carteles en sus tiendas que decían "*no mexicans*" (no mexicanos). Y la ciudad de Corpus Christi llegó a "codificar" a sus ciudadanos por su lengua y color.

Directorio de la ciudad de Corpus Christi

Antes de mediados de la década de 1930, el directorio de la ciudad de Corpus Christi, Texas, enumeraba a cada familia por raza y por el idioma que se hablaba en el hogar. La C significaba "de color" (un término anticuado y ofensivo para los afroamericanos), la M significaba "mexicano" y la EM significaba "mexicano de habla inglesa". A las familias con estas letras junto a sus nombres se les solía negar oportunidades en sus comunidades, como ser propietarios de casas o tener un trabajo.

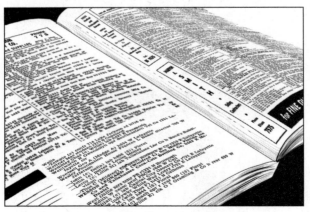

El directorio era un registro público, como una guía telefónica. Cualquiera podía buscar los códigos. Así que muchos padres tejanos dejaron de enseñar a sus hijos el español. Pensaban que así tendrían una vida mejor en Estados Unidos.

En la década de 1940, Corpus Christi dejó de etiquetar a las familias de esta manera. Pero los efectos duraron mucho más tiempo. Durante muchas generaciones, a los niños tejanos se les enseñó a hablar solo en inglés.

No había muchos mexicanos en Lake Jackson. Marcella y Abe no querían que sus hijos sintieran el trato injusto que ellos habían experimentado cuando eran niños. Era importante para ellos que Selena, Suzette y A.B. fueran aceptados por sus vecinos blancos y los niños anglosajones. Marcella y Abe les enseñaron a sus hijos a hablar inglés en lugar de español. Incluso el nombre

de Selena se pronunciaba de forma anglosajona: "Seh-LEE-nah" en lugar de "Seh-LEH-nah".

A Selena, Suzette y A.B. les encantaba vivir en Texas. La familia tenía una casa en un buen barrio y tenían muchos amigos. En su patio florecía un árbol de mimosa rosa. Los lugareños llamaban a la zona *"Snake Jackson"* porque era muy calurosa y verde: les recordaba la selva.

Los Quintanilla eran testigos de Jehová. Por ello la familia pasaba muchas tardes caminando de puerta en puerta predicando en su pueblo.

Todo el mundo quería a Abe, a Marcella y a sus tres hijos bien educados.

A medida que crecía, Selena se convertía en un marimacho aventurero. Jugaba a la pelota al aire libre y atrapaba luciérnagas por la noche.

Desafiaba a los chicos a carreras y casi siempre ganaba. Si alguien retaba a Selena a hacer algo, ella lo hacía. Aunque era pequeña, nunca se echaba atrás ante un desafío. Una vez, en el colegio, una amiga la retó a que se pusiera la falda por encima de la cabeza. Justo cuando lo hizo, un profesor la pilló en el acto. ¡Selena se sintió muy avergonzada!

Los profesores y alumnos de la escuela primaria

O.M. Roberts adoraban a Selena. Era muy educada, sacaba buenas notas y siempre estaba sonriendo. Incluso mantenía una buena actitud cuando tenía que faltar a las fiestas de cumpleaños de otros niños o a las celebraciones de los días festivos. Su religión no las celebraba.

En casa, Abe llenaba los días con música. Era importante que sus hijos compartieran su pasión. Cuando Abe era joven, había formado parte de una banda llamada Los Dinos. La banda había tenido mucho éxito en el sur de Texas. Pero el éxito no fue *suficiente* para triunfar. Abe tuvo que dejar la banda para trabajar en una fábrica, y a veces conducir un camión. Tenía que ganar suficiente dinero para mantener a su familia.

Los testigos de Jehová

Los Testigos de Jehová siguen una rama del cristianismo fundada en la década de 1870 por Charles Taze Russell en Pittsburgh, Pensilvania. Russell creó el Movimiento Internacional de Estudiantes de la Biblia. Los Testigos de Jehová son el mayor grupo religioso que surgió de ese movimiento.

Los Testigos de Jehová creen firmemente en el estudio de la Biblia y en la difusión del Evangelio a los demás. A menudo van de puerta en puerta para predicar. La mayoría de los miembros no celebran los cumpleaños, la Navidad, la Pascua ni otras fiestas.

Actualmente hay más de 8,3 millones de testigos de Jehová en todo el mundo.

Enseñarles música era una forma de transmitirles sus sueños a sus hijos. Para Abe, esto era una necesidad. Cuando enseñaba a A.B. a tocar el bajo, practicaban mucho. Selena cantaba las canciones favoritas de su padre para llamar su atención. Su voz era fuerte y hermosa. Abe sentía que estaba destinada a ser famosa.

Abe vio que sus hijos podían formar una banda.

A.B. tocaba el bajo y Selena cantaba. Suzette tocaba la batería aunque la odiaba. Pensaba que la batería era para los chicos.

La banda ensayaba casi todos los días en el garaje. Abe les enseñaba canciones de góspel y *rock 'n' roll* que conocía desde su infancia.

Selena, Suzette y A.B. practicaban la música

bailable más moderna que escuchaban en la radio.

La familia tocaba muy bien junta. Con el tiempo, la banda fue mejorando. Abe logró que los contrataran para actuar por todo Texas. Tocaron en pequeños clubes y restaurantes de Houston. Fueron los teloneros de una banda llamada La Mafia.

¡Hasta ganaron doscientos dólares en una feria del condado!

Selena solo tenía ocho años y era tímida frente a los desconocidos. Pero cantar le daba confianza. El público no podía creer que una voz tan hermosa viniera de un ser tan pequeño. Esta niña de Texas era algo especial.

CAPÍTULO 2
Probar algo nuevo

En el verano de 1980, Abe decidió probar algo nuevo. Montó un restaurante llamado Papagayos. Una vez más, fue un gran esfuerzo familiar. Los amigos de la iglesia servían las mesas y Marcella se encargaba del personal de cocina. Preparaban un menú tradicional *Tex-Mex*.

Sin embargo, pronto quedó claro que Abe tenía planes mucho más ambiciosos que los de dirigir un simple restaurante. Quería volver al mundo del espectáculo. En los periódicos locales, anunciaba un espectáculo en vivo en Papagayos. Cantantes locales actuarían para los clientes durante el servicio de la cena. Pero Selena y sus hermanos eran los primeros en actuar.

A veces Selena cantaba mientras A.B. tocaba el bajo y Suzette la batería. Otras noches, se limitaba a ser una niña normal y se dedicaba a comer dulces en la cocina del restaurante.

Una noche, Primo Ledesma, un *disc-jockey* (JD) de radio, entró en Papagayos cuando Selena estaba cantando. Él la grabó y al día siguiente, ¡la grabación de Selena sonaba en la radio!

Especialidades de la casa

La combinación de comidas mexicanas y americanas populares en la frontera de Texas y México se conoce como *Tex-Mex*. La comida *Tex-Mex* se confunde a menudo con la comida mexicana, pero se prepara con diferentes ingredientes como: frijoles pintos, queso amarillo y carne molida.

- Queso: una salsa de queso fundido con chile añadido para darle sabor. A menudo se hace con queso Monterey Jack u otro queso procesado que no se encuentra en México.
- Chile con carne: guiso picante de carne molida, chiles, tomates y frijoles.
- Burrito: tortilla de harina con un relleno que puede incluir carne, frijoles, verduras, queso o una combinación de todos ellos.

Un torrente de llamadas invadió la emisora preguntando quién era esa joven de hermosa voz. Alguien incluso le ofreció 2000 dólares por cantar en la inauguración de una tienda en Houston: ¡su primer trabajo remunerado!

Desafortunadamente, a menos de un año después de su apertura, Papagayos cerró. Abe había perdido mucho dinero. La familia tuvo que

mudarse con uno de los hermanos de Abe a un parque de remolques en El Campo, Texas.

En El Campo, la familia siguió trabajando duro. Abe realizaba trabajos esporádicos durante el día, pero quería que sus hijos siguieran centrados en sus sueños musicales. Sentía que era el momento de tomarse en serio lo de hacer de la música el trabajo de su vida.

La banda de los niños Quintanilla se convirtió oficialmente en Selena y Los Dinos, en honor a la banda original de Abe. Comenzaron a tocar en bodas, cumpleaños, y cualquier otro evento que pudieran encontrar. Al cabo de un año, habían ahorrado lo suficiente para mudarse a Lake Jackson.

Selena entró en un programa de un concurso semanal de talentos llamado *Star Mania* (Manía de estrellas) ¡Y ganó siete semanas seguidas! En su pequeña ciudad de Lake Jackson, Texas, Selena se sentía como una estrella.

CAPÍTULO 3
Para la historia

Selena y Los Dinos eran buenos, pero el grupo solo tocaba en ferias callejeras y bodas. A menudo tocaban cualquier canción que pensaban que podría gustarle al público. Abe decidió que la banda debía centrarse en un solo tipo de música. Empezaron a tocar música tejana. A la gente de Texas le encantaba esta música. Abe sabía que todos querían escuchar a Selena cantar en español.

Solo había dos problemas con el nuevo plan de Abe: Selena apenas sabía hablar español ¡y ni siquiera le gustaban las canciones cantadas en español! Ella, A.B. y Suzette querían tocar los 40 éxitos principales que se escuchaban en la radio.

Abraham les dijo que la tejana podría no ser la música que les gustara, pero que podría hacerlos famosos. Noche tras noche, le enseñó a Selena palabras y frases en español para que pudiera cantar como una profesional.

Abe sabía que sería difícil triunfar en Lake Jackson. Para actuar, todo el mundo se trasladaba a Nueva York o a Los Ángeles. Pero para la música tejana, Corpus Christi, Texas, era el lugar ideal. Muchos artistas tejanos, como Freddy Fender y Laura Canales, vivían y trabajaban en Corpus Christi. Se necesitaría mucho dinero para trasladar a toda la familia, pero Abe sabía que debían intentarlo. Para pagar la mudanza, Abe vendió el barco y el remolque de la familia. Cargó la furgoneta con instrumentos, amplificadores y altavoces y trasladó a su familia a la casa de su hermano en Corpus Christi.

La música tejana

"Tejano" es un término que describe la música autóctona de los méxico-americanos que viven en Texas. Tiene sus raíces en la música folclórica tradicional mexicana, pero también incluye estilos y sonidos traídos a México por inmigrantes alemanes, polacos y checos a mediados del siglo XIX.

La música tradicional tejana es interpretada por cuatro músicos (conocidos como conjunto) con acordeón, batería, bajo y guitarra de doce cuerdas. En la actualidad incluye estilos musicales de muchas otras culturas que consideran el sur de Texas su hogar. Algunos de los más populares son la ranchera, la cumbia, la polka y el corrido.

Para Selena, Corpus Christi era como otro mundo. Hacía mucho calor para jugar afuera. Y extrañaba los árboles de Lake Jackson. También echaba de menos a sus amigos, y no se adaptaba a su nueva escuela. Pero sabía que la familia contaba con ella. Y le encantaba actuar con A.B. y Suzette. Estaba entusiasmada con su vida futura, y decidida a triunfar.

Cuando sintió que estaban listos, Abe llevó a la banda a conocer a Freddie Martínez. Freddie tenía un sello discográfico en Corpus Christi llamado Freddie Records. Fue aquí donde el grupo grabó su primer disco en 1983. Se llamaba simplemente "Selena y Los Dinos".

Freddie Martínez

El grupo comenzó a tocar en bodas, aniversarios, eventos para recaudar fondos y en cualquier lugar donde Abe pensara que sus hijos podrían ser descubiertos.

Sin embargo, era difícil ser una mujer joven en un negocio con tantas estrellas masculinas. No todo el mundo pensaba que la música tejana era un lugar para las jóvenes. Por muchas puertas que se cerraran en la cara de Abe, este seguía intentando encontrar oportunidades para Selena y la banda.

La familia Quintanilla pasaba mucho tiempo actuando. Para pasar el tiempo entre bastidores o en la furgoneta, se hacían bromas entre ellos. Selena era la más bromista. Uno de sus trucos favoritos era quitarle la crema a las galletas Oreo y sustituirla por pasta de dientes. También le gustaba asustar a la gente imitando en voz alta a un cantante de ópera que daba una nota muy alta.

Aunque Selena y Los Dinos ganaban dinero tocando todo lo que podían, los Quintanilla seguían pasando apuros. Abe hacía trabajos esporádicos durante el día para mantener a la familia. Finalmente, pudieron mudarse a su propia casa con un gran patio trasero. La familia por fin tenía un verdadero hogar en Corpus Christi.

Todo empezaba a mejorar. En 1985, Selena y Los Dinos firmaron un nuevo contrato con Cara Records. La banda había crecido e incluía a otros músicos, como Ricky Vela en los teclados y Roger García en la guitarra. Selena y Los Dinos lanzaron su primer álbum llamado "*The New Girl in Town*", en diciembre. Este álbum con canciones en español fue la introducción oficial al mundo tejano.

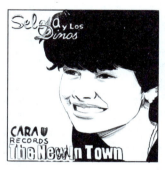

Una de las canciones del álbum, "Oh, Mama", empezó a sonar en la radio. También llamó la atención de un presentador de televisión local llamado Johnny Canales. Él invitó a Selena y Los Dinos a actuar en su programa musical semanal llamado *The Johnny Canales Show*. Con solo trece años,

Johnny Canales

Selena estaba a punto de salir en televisión por primera vez.

Los Quintanilla querían asegurarse de que los espectadores la tomaran en serio a ella y a la banda. Ya tenía una voz adulta, así que decidieron darle una imagen adulta. Un corte de pelo corto hizo que Selena pareciera un poco mayor de lo que era.

Ella, A.B., Suzette, y el resto de la banda vestían monos blancos que habían decorado con pintura fosforescente y botas militares. Selena llevaba pendientes con forma de guitarra y bromeaba con Johnny sobre sus problemas para hablar español. La gente la adoraba.

Pero los maestros de Selena estaban preocupados. Aunque era muy inteligente, su carrera estaba interfiriendo con su rendimiento escolar. Los maestros les rogaron a Abe y a Marcella que no permitieran que Selena faltara a la escuela todo el tiempo para actuar.

Pero al final, los padres de Selena la sacaron del octavo grado. Decidieron educarla en casa mientras la familia actuaba. Poco después de dejar la escuela, Selena y Los Dinos firmaron con un nuevo sello discográfico. La música era ahora su vida.

CAPÍTULO 4
Artista del Año

Ahora que estaba siendo educada en casa, la vida de Selena giraba en torno a su familia y a la banda. Aunque actuaba con A.B., Suzette y el resto de la banda como Selena y Los Dinos, Selena se había convertido rápidamente en la estrella. A los quince años, había aparecido sola en la portada de la revista *Tejano Entertainer* (Artista Tejano).

Pero Selena no tenía muchos amigos de su edad. Ricky Vela y Roger García eran mayores, y eran más amigos de A.B. Cuando Selena no estaba actuando, pasaba el tiempo sola haciendo dibujos de nuevos trajes y diseñando su propia ropa. La música era algo que la familia Quintanilla hacía junta. La moda era la pasión privada de Selena.

Sus hermanos también tenían sus propias

aficiones. La pasión de su hermano era componer canciones. A.B. quería llevar la música tejana a un nivel superior. Había escrito una canción con Ricky llamada "Dame un beso". En ella utilizó la percusión, una idea nueva en la música pop de la época. Nunca se había hecho en la música tejana.

A Suzette y a Selena les encantó la canción y estaban muy orgullosas de su hermano. Dejaron que su nuevo estilo influyera en su siguiente álbum, "Alpha".

En el verano de 1986, "Alpha" sonaba en todas partes. "Dame un beso" fue muy popular y se convirtió en un éxito en la radio de Texas. Los Dinos tenían oficialmente un nuevo compositor en la banda: ¡A.B.!

Al año siguiente, el poder de la estrella Selena creció aún más. Fue nominada a Vocalista Femenina del Año (sin el resto de Los Dinos), en los Premios de la Música Tejana de 1986. Esto fue impresionante para una chica tan joven, e impactó a muchos en el mundo de la música tejana. Pero nadie pensó que una chica de quince años podría vencer a la reina de la música tejana, Laura Canales. Cuando Selena fue anunciada como ganadora, se convirtió en imagen de primera plana.

Después de ser nombrada Vocalista Femenina del Año, todo el mundo quería escuchar más de Selena y su banda familiar. Selena y Los Dinos lanzaron un nuevo álbum titulado *"And the Winner Is . . ."* (Y el ganador es . . .). Una de las canciones del álbum era una versión de la canción tradicional mexicana "La bamba".

La canción entró en el Top 20 de la lista de *Billboard Latin*. ¡Esto significa que la canción de Selena fue la vigésima canción en español más popular de todo el país!

En 1987, Selena fue invitada de nuevo a *The Johnny Canales Show* para interpretar "La bamba". Había crecido mucho desde la última vez que estuvo allí. La cantante de 16 años llevaba un traje de torero brillante, el pelo largo, las uñas pintadas y grandes pendientes.

Laura Canales (1954-2005)

Laura Canales fue la cantante tejana de mayor éxito de la década de 1980.

Laura nació en Kingsville, Texas, y empezó a cantar en el instituto. Alcanzó el éxito en la escena musical tejana como fundadora del grupo Felicidad, y más tarde con su propia banda, Laura Canales & Encanto.

Laura Canales era conocida por canciones como "Si viví contigo" y "Dame la mano". Durante su carrera, recibió el premio Rosa Amarilla de Texas, junto con el de Artista Femenina del Año y el de Vocalista Femenina del Año en los Premios de la Música Tejana.

En marzo de 1988, Selena ganó el Premio Artista del Año en los Premios de la Música Tejana. Había llegado el momento de salir de gira. La familia compró un autobús al que llamaron La Gran Bertha. El exterior era elegante y moderno. ¡Pero por dentro era un desastre!

El autobús no tenía calefacción ni aire acondicionado. Todos dormían en el piso. Aun así, la familia se mantuvo muy animada. Abe condujo felizmente a la familia, la banda y todo su equipo por el inmenso estado de Texas.

Ese año actuaron en muchas ciudades, como San Antonio, Dallas y Corpus Christi. Selena y Los Dinos en ocasiones actuaban más de dos veces en un mismo día en diferentes ciudades. La banda dormía entre actuaciones o en moteles de carretera. Cuando tenía tiempo, Selena trabajaba en sus diseños de moda.

Durante un viaje a San Antonio, Selena fue a ver actuar a una cantante tejana llamada Shelly Lares. Detrás de ella, vio a un guitarrista tranquilo y guapo con el pelo largo. Se llamaba Chris Pérez.

Selena se dio cuenta de que algo en aquel talentoso músico era especial. Pero no tenía mucho tiempo para pensar en él. Tenía demasiados conciertos que dar y nuevas canciones que grabar. Aun así, la música y la innegable belleza de Selena ya habían captado la atención de Chris.

Chris Pérez también estaba muy impresionado con la forma de componer de A.B. Se hizo amigo de la banda y pronto lo invitaron a tocar con ellos. Poco a poco, Chris y Selena se fueron acercando. Ella tenía diecisiete años y él diecinueve. Ninguno de los dos sabía cómo podría afectar un romance a la banda. De lo único que estaban seguros era de que la carrera de Selena iba en ascenso.

CAPÍTULO 5
Amor juvenil

En 1989, Selena volvió a ser nombrada Artista Femenina del Año en los Premios de la Música Tejana. Esta vez, nadie se sorprendió. Todos los presentes en el Centro de Convenciones de San Antonio habían acudido a ver a Selena.

Todos los ejecutivos musicales querían que Selena firmara contrato con sus compañías discográficas. Era evidente que estaba preparada para convertirse en una superestrella internacional. ¿Pero quién sería el encargado de llevar la carrera y la popularidad de la cantante tejana más allá de Texas?

José Behar trabajaba en una compañía discográfica llamada *Capitol/EMI Latin*, que producía

y promocionaba la música de América Latina, cantada principalmente en español.

Esto incluía una amplia variedad de estilos musicales como la salsa, la samba, el tango, la *bossa nova* (brasilera) y el tejano. José tenía un plan para que Selena pasara de ser una cantante

tejana de Texas a una estrella de fama mundial. A los Quintanilla les gustó su plan y firmaron un contrato de grabación con *EMI Latin*. Pero para ello, Selena necesitaría una nueva imagen.

Selena ya tenía dieciocho años. No tenía que cortarse el pelo para parecer mayor. Era una joven hermosa. Y José quería que el mundo la viera en la portada de su nuevo álbum: "Selena". Aunque A.B. y Suzette seguirían tocando en su banda, este era el primer álbum en solitario de Selena.

Ahora ella era el centro de atención.

Para la sesión de fotos, Selena eligió un traje de moda con una falda vaporosa y un pequeño *top* ajustado. Aunque estaba de moda en la época, sorprendió que Selena mostrara su estómago desnudo en la portada del álbum. Marcella le advirtió que a su padre no le gustaría mucho. Pero

Selena se sentía segura y guapa.

Los fans estuvieron de acuerdo. El álbum tenía una canción de éxito que alcanzó el número ocho en la lista de *Hot Latin Tracks* (Temas latinos de moda) en México.

Su siguiente álbum, "Ven conmigo", tuvo un éxito aún mayor.

El éxito de Selena llamó la atención de la compañía Coca-Cola. Esta buscaba el portavoz perfecto para representar su marca de refrescos en América Latina, los países de habla hispana del sur de Estados Unidos, incluido México. El aspecto fresco de Selena y su herencia latina la convirtieron en el rostro ideal de la marca.

Selena firmó un contrato con Coca-Cola. Para su primer anuncio de Coca-Cola, el grupo escribió una melodía que sonaba como una canción de Selena.

Poco después, volaron a Acapulco (México) para celebrarlo.

En el viaje a México fue donde por primera vez Selena y Chris pudieron estar solos. Sentados juntos en el avión, empezaron a hablar de sus intereses, su infancia y sus sueños.

De repente, el avión sufrió unas turbulencias. Chris se asustó y se agarró al reposabrazos. Selena

agarró su mano. Fue algo natural. Hablaron durante el resto del viaje en avión, cogidos de la mano. Cuando aterrizaron en Texas, ambos sabían que algo entre ellos había cambiado.

A Chris le encantaba lo animada y extrovertida que era Selena. Selena solía burlarse de Chris por ser tan callado. Sus diferencias los convertían en la pareja perfecta.

La atracción entre ellos creció, pero se cuidaron de mantener su romance en secreto. Abe no lo habría aprobado. Quería que Selena se centrara por completo en su música.

Selena *estaba* comprometida con la música, con su familia y con Chris. Pero también se aseguró de continuar con su educación. En 1990,

la educación en casa de Selena dio sus frutos y recibió su diploma de bachillerato. Estaba orgullosa de su logro. Todo el mundo podía ver que Selena era algo más que una adolescente con una hermosa voz.

En medio de todo este ajetreo, Selena y Chris continuaron su romance en secreto. Un día, cuando la banda estaba esperando a que empezara un espectáculo, salieron a comprar pizza. Fue en un Pizza Hut del Valle del Río Grande donde la pareja compartió su primer "te quiero".

Viajar en un autobús con toda la familia

Quintanilla hizo aún más difícil para Selena y Chris ocultar sus sentimientos. Uno a uno, los miembros de la banda empezaron a descubrirlo, incluso Marcella conocía su secreto. Cuando Abe se enteró, ¡echó a Chris de la banda!

Selena estaba furiosa. Siempre había hecho lo que su padre le había pedido. Ya era hora de tomar una decisión. Era adulta y estaba enamorada. Después de semanas de suplicarle a Abe, ella decidió que la única manera de estar junto a Chris era casándose en ese momento. Sin compromiso, sin anuncio, sin gran boda.

Chris y Selena se casaron el 2 de abril de 1992. Estaban solo ellos dos en el ayuntamiento. Selena ni siquiera llevaba vestido de novia. No quería que su familia sospechara nada cuando saliera de su casa. Pero Selena y Chris nunca fueron más felices.

Sin embargo, no podían mantener el matrimonio en secreto. Selena se estaba convirtiendo rápidamente en una celebridad. Los Quintanilla se enteraron y llamaron a Selena. Su padre no podía negar el amor que Selena y Chris compartían. Abe finalmente aceptó a Chris en la familia y de nuevo en la banda. Selena estaba ahora oficialmente casada y tenía el amor y el apoyo de toda su familia.

CAPÍTULO 6
"Entre a mi mundo"

Ahora que Selena y Chris estaban casados, los Quintanilla podían volver a centrarse en su música. Selena estaba lista para llevar su arte más allá de Texas. Quería compartir sus dones con el mundo entero. Y estaba preparada para cantar en inglés. Para ella era importante expresarse también en su primera lengua.

Pero convertir a una estrella tejana en una superestrella de la lengua inglesa no sería fácil. José Behar quería dar a conocer a Selena primero en México y en el resto de América Latina. Creía que una vez que tuviera suficientes fans de habla hispana, las compañías discográficas aceptarían dejarla hacer cualquier tipo de música que ella quisiera.

El momento era perfecto. El nuevo álbum de Selena, "Entre a mi mundo", ya sonaba en la radio mexicana. A los fans de México les encantó una canción de A.B. llamada "Qué creías". Otro éxito del álbum se llamó "Como la flor", que se convirtió en un éxito en América Latina y en una de sus canciones más populares.

José organizó una gira por México. Selena estaba preparada. Pero ¿estaba México preparado para acoger a una mujer estadounidense que solo

había aprendido a hablar español en los últimos nueve o diez años?

Había mucha presión para que Selena tuviera éxito. Si el viaje no salía bien, toda su familia y su banda habrían venido hasta aquí para nada.

La primera parada fue Monterrey, México. Las revistas locales, los equipos de televisión y los reporteros de los periódicos estaban esperando para conocer a Selena a su llegada. Ella abrazó a todos y cada uno de los periodistas. Sonrió y respondió a todas sus preguntas en el mejor español que pudo. Cuando titubeaba con alguna palabra, lo compensaba sonriendo y riendo.

Aunque ella hablaba otro idioma y era de otro país, su calidez y generosidad eran universales.

Todos los periodistas de Monterrey escribieron críticas elogiando a Selena. Un periódico la llamó "artista del pueblo". A los periodistas les encantaba su pelo oscuro y ondulado y su complexión natural. La mayoría de las estrellas mexicanas de la época se teñían el pelo de rubio y se mantenían alejadas del sol para parecer lo más anglosajonas posible. Pero Selena estaba orgullosa de su herencia mexicana. La gente sentía una buena conexión con la joven cantante.

Tras su éxito en México, Selena regresó a Texas con una nueva energía. Se matriculó en clases de español para aprender mejor el idioma. El 7 de febrero de 1993, actuó en Corpus Christi ante un auditorio repleto. ¡El concierto se grabó y se publicó en un álbum llamado *"Selena Live!"* (¡Selena en vivo!)

Unos meses después, Selena estaba de vuelta en México y era aún más famosa que antes. Hablaba con los periodistas con más confianza. Actuó

ante miles de fans mexicanos. Los conciertos de música tejana nunca habían tenido tanto éxito en México. Cuando regresó a Estados Unidos, Selena actuó ante casi sesenta mil personas en el *Houston Livestock Show and Rodeo* del Astrodome. La "Selena-manía" se estaba imponiendo.

Pero había una cuestión candente en la vida de Selena. ¿Debía contarle al mundo que se había casado con Chris? Ya había sido bastante difícil para su propia familia aceptar a la pareja. ¿Lo harían sus fans? Muchos de los fans de Selena eran hombres jóvenes o chicas adolescentes a las que les gustaba la actitud atrevida e independiente de Selena.

Pero Selena estaba cansada de los secretos. Y sus fans se merecían la verdad. Había habido rumores sobre Chris y Selena durante meses. Era hora de aclarar las cosas.

Como regalo para Selena, Chris hizo que su amigo le pintara la cara de ella en su guitarra.

Y empezó a tocarla durante los conciertos. Al

público le encantaba esto. Eran oficialmente una de las parejas musicales más famosas del mundo.

En la casa, su vida era como la de cualquier otra pareja de recién casados. Se mudaron a una casa justo al lado de Abe y Marcella y la llenaron

de todas sus cosas favoritas. Una de esas cosas era Pebbles, el perro de Selena. A ella le encantaban los animales y a Chris le encantaba verla feliz. Pronto tuvieron cuatro perros más, una pitón ¡y un cabecero de pecera gigante para su cama!

Fue agradable tener un hogar permanente en Corpus Christi después de tantos años en el autobús. Ella pudo pasar más tiempo con Chris y trabajar con organizaciones benéficas locales. Una de sus favoritas era un programa dedicado a mantener a los niños en la escuela. Sabía lo importante que era la educación porque había tenido que trabajar mucho para terminar la suya mientras viajaba con la banda.

Selena tenía ahora fans en Texas, México, Latinoamérica de habla hispana y otras partes de Estados Unidos. Una de las fans, Yolanda Saldívar, se acercó a los Quintanilla

Yolanda Saldívar

para crear un club de fans oficial de Selena. Ella quería ayudar con el correo de los fans, la imagen de Selena, y la mercancía. Suzette se encargaba de toda la mercancía de Selena, pero le venía bien un descanso. Después de todo, también era una de Los Dinos y acababa de casarse.

Yolanda pronto se convirtió en la presidenta

del club. Selena y Yolanda se hicieron muy amigas, y Yolanda fue acogida como parte de la familia.

Yolanda llamaba a Selena *mija,* que significa "mi hija".

En noviembre de 1993, el mayor deseo de Selena se hizo realidad. Selena y Los Dinos firmaron un contrato discográfico en inglés. Selena estaba en vías de convertirse en una superestrella.

CAPÍTULO 7
El estilo de los Grammy

La familia Quintanilla lo había sacrificado todo para triunfar en la industria musical. Ahora sus sueños se hacían realidad. Para Abe, el éxito de Selena demostraba que siempre había tenido razón sobre su talento. Para Marcella, confirmaba que criar a su familia en la carretera había sido la decisión correcta. Selena, A.B., Suzette y Chris se dieron cuenta de que todo su esfuerzo había merecido la pena. Sus exitosos álbumes habían alcanzado los primeros puestos de las listas musicales de *Billboard* y habían vendido millones de copias en Estados Unidos y Latinoamérica.

Selena estaba orgullosa de ella y de su familia. Pero ahora quería hacer algo por sí misma. Quería llevar sus ideas de moda al siguiente nivel creando

su propia línea de ropa. Desde sus primeros días haciendo dibujos en el autobús, diseñar ropa siempre había sido su sueño secreto.

Selena llevaba años confeccionando su propia ropa y accesorios. A veces compraba un cinturón o una chaqueta, la cubría de pedrería y mostraba su brillante creación en el escenario. Otras veces modificaba un traje entero. Su estilo se hizo famoso. Las chicas de toda Latinoamérica querían vestirse como Selena.

Ella tenía un pequeño taller en su casa, pero no había manera de que ella sola pudiera hacer suficiente ropa para crear una línea de moda completa. Un diseñador tejano llamado

Martín Gómez

Martín Gómez vino en su ayuda. Martín utilizó su talento en diseño de moda para convertir los bocetos de Selena en ropa real.

El 27 de enero de 1994, Selena Etc. abrió sus puertas en Corpus Christi. La tienda ofrecía toda la ropa y los accesorios originales de Selena,

además de una peluquería y un salón de belleza. Selena visitaba a menudo la tienda, a veces pasaba por allí con unos vaqueros y una camiseta. Sin sus llamativos trajes de escena, nadie la reconocía. Le encantaba ver cómo las clientas se probaban sus diseños y salían contentas con sus compras.

Yolanda Saldívar se convirtió en la gerente de Selena Etc. además de dirigir el club de fans. Y Martín Gómez ayudaba con la moda. Ahora que dos personas de su confianza se ocupaban de su tienda, Selena podía volver a su música.

El 1 de marzo de 1994, Selena viajó con su familia a Nueva York para asistir a la trigésimo sexta edición de los Premios Grammy. "*Selena Live!*" había sido nominada al Mejor Álbum México-americano. Era la primera vez que Selena estaba nominada a un premio internacional importante. Todos estaban muy nerviosos. Selena lucía un vestido blanco con cuentas de cristal para el evento en el *Radio City Music Hall* de Nueva York.

Se sentó en la parte de atrás del auditorio con Chris, su familia y Los Dinos. Todos se abrazaron mientras esperaban los resultados.

"El Grammy es para . . .", dijo el locutor, ". . . *Live!* Selena".

Selena y su familia saltaron de alegría. Selena bajó rápidamente al escenario, repitiendo un pensamiento: "¡No te caigas!". ¡Le preocupaba pisar el dobladillo de su vestido!

Selena subió al escenario. Recibió su premio y le agradeció a Los Dinos, a su familia y a todos los de su compañía discográfica.

"Te quiero", dijo antes de salir del escenario.

Un par de semanas más tarde, Selena ganó el premio a la Vocalista Femenina del Año, a la Artista Femenina del Año y al Álbum del Año en los Premios de la Música Tejana en San Antonio. Ese mismo mes, lanzó su siguiente álbum: "Amor prohibido".

Una de las canciones del álbum era "Bidi bidi bom bom", la cual se escribió casi por accidente en un ensayo cuando Suzette, A.B., y Selena hacían el tonto. A.B. tocaba la guitarra y Selena se inventaba palabras sin sentido. A  todos les gustó cómo sonaba, así que escribieron una letra real para completar la canción. "Amor prohibido" se convirtió en uno de los álbumes más importantes de Selena. "Bidi bidi bom bom" fue un éxito. El álbum alcanzó el cuádruple platino: ¡vendió más de cuatro millones de copias! "Amor prohibido" llegó a desbancar a uno de los ídolos de Selena, Gloria Estefan, del primer puesto de la lista de *Billboard Latin Tracks* (en español).

Gloria Estefan (1957-)

Gloria Estefan nació como Gloria María Milagrosa Fajardo García en La Habana, Cuba. Poco después, su familia emigró a Miami, Florida. De joven, Gloria era la cantante de la banda *Miami Sound Machine*. Se casó con su director, Emilio Estefan, en 1978. En 1985, su canción "Conga" se convirtió en un éxito internacional y dio a conocer al mundo la música latina moderna que se hacía en Miami, llamada *Miami Sound*.

Gloria ha ganado cuatro Premios Grammy Latinos, tres Premios Grammy, un Premio al Mérito de la Música Americana y una Medalla Presidencial de la Libertad. Su voz se puede escuchar en canciones como *"Rhythm Is Gonna Get You"*, *"Get on Your Feet"* y *"Oye"*. A Gloria Estefan se le atribuye el haber hecho que la música cubana contemporánea forme parte de la cultura pop estadounidense.

En 2015, se estrenó en Nueva York el musical de Broadway *On Your Feet!*, basado en la vida y la música de Gloria y Emilio Estefan.

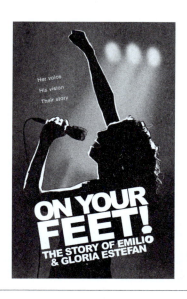

En septiembre de 1994, se abrió una segunda tienda Selena Etc. en San Antonio, Texas. Parecía que todos querían vestirse como Selena. Ella seguía representando a Coca-Cola en los anuncios. Pero ahora otras empresas también querían que Selena promocionara sus productos. A medida que su popularidad crecía, también lo hacían las nuevas oportunidades de negocio.

En la casa de Selena y Chris no había espacio suficiente para dirigir una línea de moda, practicar la música, tener una oficina y vivir sus vidas. La familia Quintanilla compró y remodeló un viejo edificio en el 5410 de la calle Leopard en Corpus Christi.

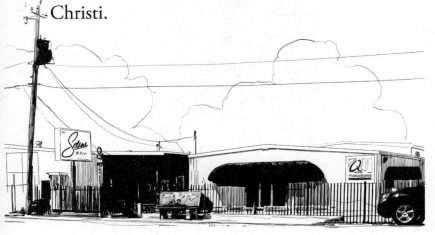

Toda la familia trasladó su estudio de grabación, su taller de confección y sus oficinas al nuevo espacio de trabajo. La calle Leopard era ahora el nuevo hogar de *Selena's Design House*, *Q Studios* y *Q Productions*.

CAPÍTULO 8
"Dreaming of You"

A finales de 1994, Selena se preparaba para un evento que la ponía más nerviosa incluso que sus primeras actuaciones en Papagayos. Iría a San Antonio para su propio desfile de moda. La ropa de Selena se vería en la pasarela tanto para los fans como para los críticos de moda. Era la primera vez que Selena sería el centro de atención sin su familia, y para algo que no era su música.

Selena lució un vestido de color marfil hecho por ella misma. Le dijo a los periodistas que si no se hubiera dedicado al mundo del espectáculo, habría sido diseñadora de moda.

Al mundo de la moda le encantó sus diseños. Al igual que su música, su moda tenía algo para todos los gustos: piezas glamurosas y conjuntos modernos y prácticos.

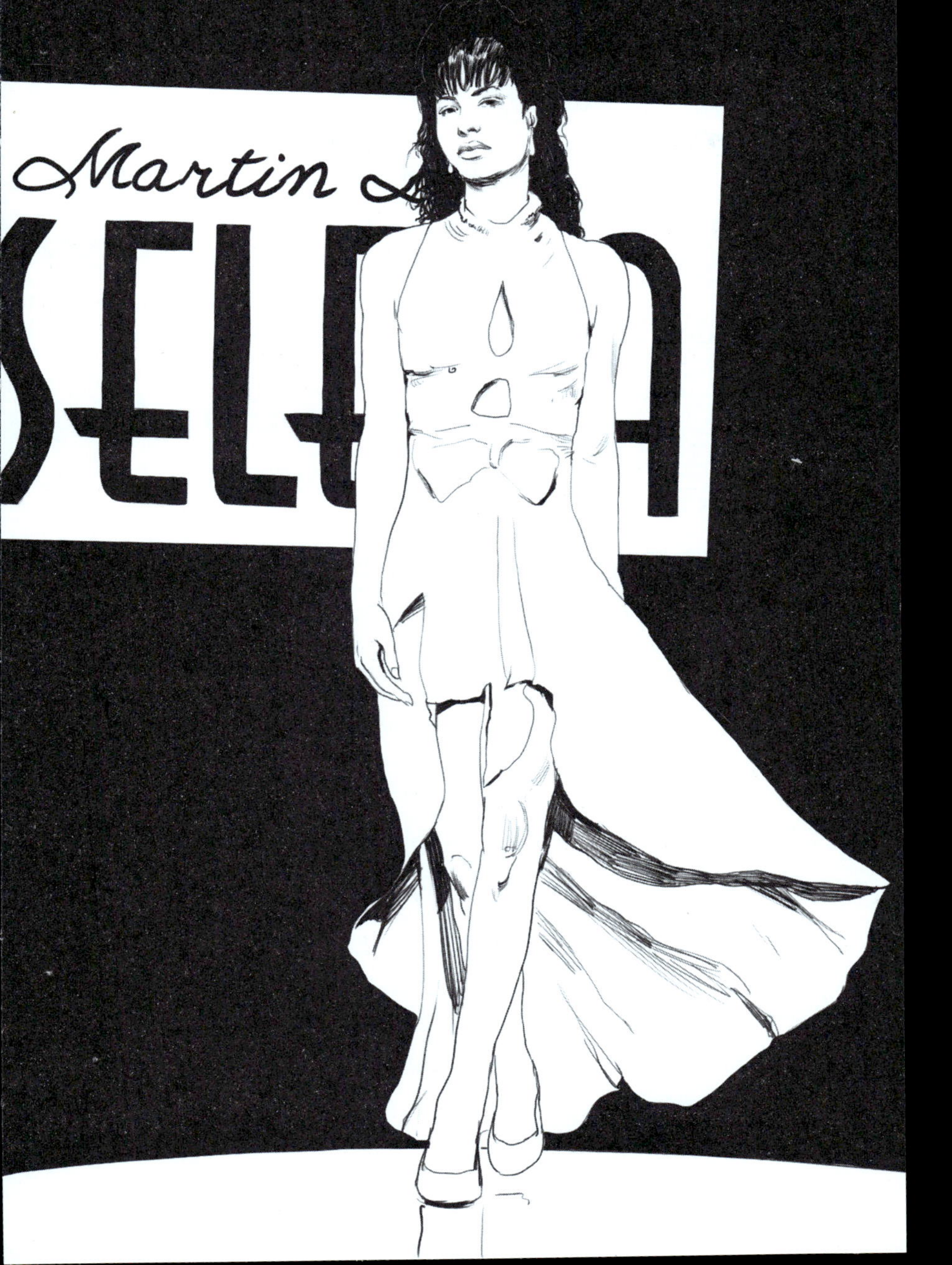
Martin

Selena quería añadir otros negocios a su línea de ropa. Se asoció con Leonard Wong, que tenía un negocio de cosméticos, para crear su propio perfume. Ella le dijo a Leonard que quería crear algo que se pareciera a ella: fuerte, pero delicado. El perfume *Forever Selena* era una mezcla de aromas florales, cítricos y picantes.

En todo este tiempo, Yolanda había estado administrando las boutiques de Selena. Pero a Martín Gómez le preocupaba Yolanda. Sospechaba que estaba robando dinero y otros artículos de las tiendas. Tampoco le gustaba cómo Yolanda controlaba a Selena. ¡Algunas personas ni siquiera podían hablar con Selena sin el permiso de Yolanda! En diciembre de 1994, Martín le contó a Abe sobre sus preocupaciones.

Abe intentó hablar con Selena. Pero ella no

le creyó a su padre. Ya él se había equivocado con Chris antes de casarse. Tal vez también se equivocaba con Yolanda. No podía imaginar que su amiga tomara dinero de los negocios.

Selena se concentró en el futuro que tenía por delante. Volvió a ganar el Premio a la Artista del Año en los Premios de Música Tejana. También ganó la Canción del Año por "Bidi bidi bom bom". Solo tenía veintitrés años.

Los sueños de Selena de tener una canción de éxito en inglés se hicieron aún más reales en marzo de 1995. La familia se reunió en *Q Productions* para escuchar el sencillo de Selena: "*Dreaming of You*". La canción, cantada en inglés, estaba inspirada en su amor por Chris. Se podía oír la pasión y el sentimiento en su voz. Esta era la canción que podría cambiarlo todo para ella.

Los Quintanilla sabían que Selena no tardaría en convertirse en una superestrella internacional. El 11 de marzo de 1995, cantó en un concierto en Chicago. La familia se emocionó al ver un público tan diverso: ya no eran solo los fans tejanos los que venían a escuchar a Selena cantar. Todo tipo de personas, tanto de habla inglesa como española, eran ahora fans de Selena. El duro trabajo de la familia estaba a punto de dar sus frutos. Pero había un problema del que había que ocuparse.

Aumentaron los informes sobre la falta de honradez de Yolanda. Selena no podía seguir ignorando el asunto. Ella, Abe y Suzette la confrontaron. Suzette llamó a Yolanda mentirosa y ladrona. Selena y Abe despidieron a Yolanda.

Más tarde, Selena se dio cuenta de que faltaban muestras de su nuevo perfume. Se preguntó si Yolanda se las había llevado. Y entonces se enteró de algo aún peor: Yolanda había intentado sacar dinero de sus cuentas bancarias. Selena la llamó y le exigió que le devolviera las muestras de perfume y le diera los registros bancarios.

El 31 de marzo de 1995, Selena fue a reunirse con Yolanda en Corpus Christi. Quería obtener la información que necesitaba, y así todos podrían dejar atrás aquel desagradable asunto. Pero Selena estaba muy equivocada al respecto.

Cuando llegó al hotel donde se alojaba Yolanda,

esta no quiso admitir la verdad. Pensó que podría hacer desaparecer sus problemas asustando a Selena. Pero Yolanda hizo algo más que asustar a la joven superestrella. Le disparó a Selena. Aunque la llevaron al hospital rápidamente, ya era demasiado tarde. Con solo veintitrés años, la Reina del Tejano había muerto.

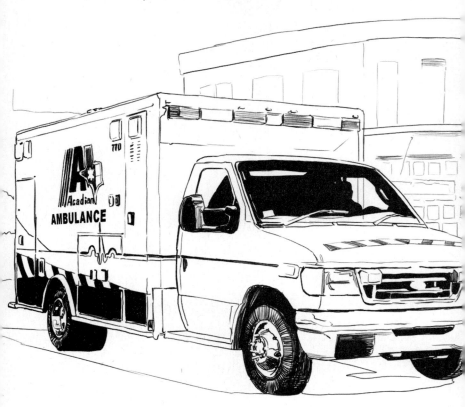

Las emisoras de radio y televisión dieron la terrible noticia a los oyentes ese mismo día. Chris y los Quintanilla se enteraron al igual que el resto del mundo. Toda la industria musical estaba de luto, junto con los fans y la familia que tanto ella quería.

CAPÍTULO 9
El legado

Miles de fans se reunieron frente a las dos tiendas Selena Etc. y *Q Studios* de la calle Leopard para dejar flores, velas y tarjetas. Las vigilias con velas surgieron en todo el mundo para honrar a Selena. Nadie podía creer que la joven cantante estuviera realmente muerta.

El funeral de Selena se celebró el 3 de abril de 1995 en Corpus Christi. Las cámaras de televisión filmaron el funeral público, que se transmitió a toda la nación.

El apoyo llegó de todo el mundo. Celebridades como Madonna y Julio Iglesias visitaron a la familia de Selena. El gobernador George W. Bush declaró su cumpleaños como "Día de Selena" en el estado de Texas.

Chris, Suzette, A.B., Abe y Marcella tenían el corazón destrozado. Su fuerte fe en Dios los ayudó a superar este difícil momento.

"Solo sé que tiene vida eterna", dijo su padre en una entrevista.

El último álbum de Selena, "*Dreaming of You*", fue lanzado el 18 de julio de 1995, menos de cuatro meses después de su muerte. Contenía canciones en inglés y en español, incluyendo su balada a Chris. Los fans se apresuraron a comprar el álbum y a escuchar a su cantante favorita por última vez. El álbum vendió un récord de 175 000 copias el primer día. Se situó en el número uno de las listas musicales. Su muerte había convertido a Selena en una celebridad aún mayor. Para muchos estadounidenses, *"Dreaming of You"* era la primera vez que oían hablar de Selena y de la música tejana.

El estudio de Hollywood *Warner Bros.* decidió hacer una película sobre la vida de Selena. Los Quintanilla aceptaron. Querían preservar su legado y que los nuevos fans conocieran a su hija. El reparto del papel de Selena sería difícil. Tenían que encontrar a la actriz perfecta que pudiera captar el espíritu de Selena. En 1996, se anunció que la cantante y bailarina puertorriqueña Jennifer

Jennifer López

López interpretaría el papel de Selena.

Sus admiradores estaban consternados por la elección del reparto. Los fans tejanos pensaban que Selena debía ser interpretada por una actriz mexicana. Pero la familia Quintanilla apoyó la decisión de elegir a Jennifer López para el papel. Conocían a Selena mejor que nadie y pensaban que JLo era perfecta para el papel. Además, Selena había trabajado toda su vida para unir diferentes culturas: anglosajona y tejana, mexicana y estadounidense. Era importante mostrar que la procedencia de una persona no definía quién era.

Jennifer López vivió con los Quintanilla para aprender más sobre Selena y conocer a su familia antes de rodar la película. El 21 de marzo de 1997, "Selena" se estrenó en los cines. Los fans se apresuraron a ver la versión en pantalla de la

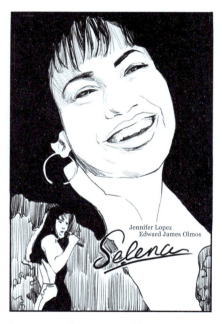

historia de la increíble estrella tejana.

En los años 90, la música latinoamericana se hizo cada vez más popular en Estados Unidos y en todo el mundo. Cantantes como Ricky Martin, Christina Aguilera, Marc Anthony, Enrique Iglesias y Shakira trajeron los sonidos de Puerto Rico, Ecuador, Colombia, España y otros países a la música americana moderna. Tras el estreno de la película "Selena", Jennifer López se convirtió en una celebridad internacional. Y la década de los 90 se conoció como la "Explosión Latina". Mucha gente cree que Selena ayudó a iniciar la tendencia de todo el movimiento.

Desde su muerte en 1995, la influencia de Selena ha seguido creciendo. "*Dreaming of You*" ha vendido más de cinco millones de copias. Los historiadores de la música atribuyen a este álbum el haber introducido al mundo la cultura tejana.

En 1997, Corpus Christi erigió una estatua en su honor.

Con la ayuda de Suzette, una empresa de cosméticos diseñó una línea de maquillaje que encajaba perfectamente con la propia colección de Selena. Los fans podían usar los mismos colores de lápiz labial que ella había usado en las famosas portadas de sus álbumes. Y en 2017, su

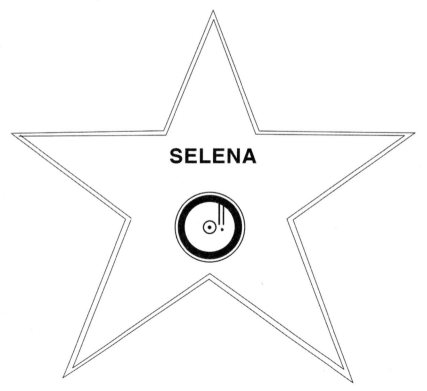

estatus como icono internacional se consolidó, literalmente. Recibió una estrella en el famoso Paseo de la Fama de Hollywood, junto a otras muchas superestrellas.

Aunque su vida fue muy breve, Selena dejó un impacto duradero en nuestra música, nuestra cultura popular y su propia comunidad. Gracias a su confianza, su encanto y su talento, unió diferentes culturas, ideas y personas. Su talento y determinación se pueden escuchar hoy en día en su música, y su legado sigue inspirando a los fans de todo el mundo.

La influencia de Selena

Muchos cantantes de fama internacional le dan crédito a Selena por influir en sus carreras.

Beyoncé: "Mientras crecía en Texas, la escuchaba en la radio. Creo que escuchar sus canciones (aunque no sabía exactamente lo que decía) me ayudó en el estudio con mi pronunciación. Creo que es una leyenda. La admiro. Tenía mucho talento".

Selena Gómez: "Es un gran honor llevar el nombre de alguien tan increíble".

Demi Lovato: "Desde niña, me encantaba la música de Selena... Cuando vi la película, hubo una especie de conexión".

Jennifer López: "El impacto que tuvo en mi vida, en mi carrera . . . Fue una inmensa suerte que ella fuera mi mentora. Y fue genial que me enseñara tanto sobre cómo navegar por este negocio, pero también cómo navegar por la vida".

Selena Gómez, Demi Lovato

Discografía de Selena

1983	*Selena y los Dinos*	Freddie Records
1985	*The New Girl in Town*	Cara Records
1986	*Alpha*	GP Productions
1987	*And the Winner Is . . .*	GP Productions
1989	*Selena*	EMI Latin
1990	*Ven conmigo*	EMI Latin
1992	*Entre a mi mundo*	EMI Latin
1993	*Selena Live!*	EMI Latin
1994	*Amor prohibido*	EMI Latin
1995	*Dreaming of You*	EMI Latin
1997	*Selena: The Original Motion Picture Soundtrack*	EMI Latin
1998	*Selena Anthology* (Varios discos)	EMI Latin
2001	*Selena Live! The Last Concert*	EMI Latin

2005 *Selena Unforgettable:*
The Live Album   EMI Latin
Selena Unforgettable:
Ultimate Edition (Varios discos)   EMI Latin

2010 *La leyenda* (Varios discos)   EMI Latin

Cronología de la vida de Selena

- **1971** — Nace Selena Quintanilla el 16 de abril en Lake Jackson, Texas
- **1980** — Se abre el restaurante Papagayos
- **1982** — La familia Quintanilla se muda a Corpus Christi, Texas
- **1983** — Lanza su primer álbum, "Selena y Los Dinos"
- **1985** — Aparece en *The Johnny Canales Show*
- **1986** — Gana por primera vez el Premio a la Vocalista Femenina del Año en los *Premios de la Música Tejana*
- **1988** — Compran un autobús de gira llamado "La Gran Bertha"
  — Conoce a Chris Pérez mientras él toca en la banda de Shelly Lares
- **1990** — Selena recibe su diploma de bachillerato
- **1992** — Se casa con Chris en secreto el 2 de abril
  — "Entre a mi mundo" es lanzado por *Capitol/EMI Latin*
- **1993** — *"Selena Live!"* se graba en Corpus Christi
  — Selena y Los Dinos firman un contrato discográfico en inglés con SBK
- **1994** — La tienda Selena, Etc. abre en Corpus Christi
  — ¡Gana el Premio Grammy por *"Selena Live!"*
- **1995** — Muere el 31 de marzo, a los veintitrés años
  — George W. Bush, entonces gobernador de Texas, declara el 16 de abril "Día de Selena" en el estado de Texas

Cronología del mundo

- **1971** — Walt Disney World abre sus puertas en Orlando, Florida
- **1972** — Shirley Chisholm, la primera congresista afroamericana, se presenta como candidata a la presidencia
- — Se lanza el vídeo juego de tenis de mesa *Pong*
- **1974** — Richard Nixon dimite como presidente de los Estados Unidos
- **1976** — Estados Unidos celebra su bicentenario con una fiesta nacional
- **1980** — Se erradica el virus de la viruela
- **1981** — Se lanza el primer transbordador espacial, Columbia
- **1984** — Bruce Springsteen lanza *"Born in the USA"*
- **1985** — Se descubren los restos del Titanic en el fondo del mar
- **1986** — Se estrena en televisión *The Oprah Winfrey Show*
- **1987** — Michael Jackson lanza *"Bad"*
- **1989** — Se derriba el Muro de Berlín en Alemania, poniendo fin a la Guerra Fría
- **1990** — Nelson Mandela sale de prisión después de 27 años tras las rejas
- **1991** — La Operación Tormenta del Desierto da comienzo a la Guerra del Golfo Pérsico
- **1993** — Se estrena *Jurassic Park* en los cines
- **1995** — America Online proporciona a más de un millón de miembros acceso a la *World Wide Web*

Bibliografía

*Libros para jóvenes lectores

*Marquez, Heron. *Latin Sensations*. Minneapolis: Lerner Publications, 2001.

Nava, Gregory, director. *Selena*. Los Angeles: Warner Bros., 1997.

Patoski, Joe Nick. *Selena: Como La Flor*. Boston: Little, Brown, 1996.

Peña, Manuel H. *Música Tejana: The Cultural Economy of Artistic Transformation*. College Station: Texas A&M University Press, 1999.

Perez, Chris. *To Selena, with Love*. New York: New American Library, 2012.

San Miguel Jr., Guadalupe. *Tejano Proud: Tex-Mex Music in the Twentieth Century*. College Station: Texas A&M University Press, 2002.